Ⓒ

Ye.

14905

A M. J.-K. POLK

PRÉSIDENT DES ÉTATS-UNIS.

—

L'AMÉRIQUE.

PAR BARTHÉLEMY.

IMPRIMERIE LANGE LÉVY ET COMPAGNIE,
16, RUE DU CROISSANT.
—
1848

A M. J.-K. POLK

PRÉSIDENT DES ÉTATS-UNIS.

L'AMÉRIQUE.

> Dans cinquante ans, l'Europe sera cosaque ou républicaine.
> (*Paroles de Napoléon.*)

Rien ne présente à l'œil une image plus triste
Qu'un vieillard machinal dont la matière existe,
Même après qu'infidèle à d'intimes accords,
La vie intelligente a déserté le corps.

Sa forme est tour à tour éveillée ou dormante ;
Il sort de son fauteuil, il parle, il s'alimente ;
Mais, toujours digne objet d'une étrange pitié,
De l'être primitif il n'est que la moitié ;
L'instinct seul fait mouvoir ses terrestres atomes.
Tels s'offrent à nos yeux ces peuples, ces royaumes
Qui traînent de la vie un simulacre vain,
Quand de leur corps vieilli sort le souffle divin.
Europe d'aujourd'hui ! telle est ta destinée :
Le sang arrive encore à ta face inclinée ;
On voit même, parfois, le colosse vivant
Se dresser sur ses pieds, faire un pas en avant,
Et, dans le cercle étroit où sa masse piétine,
Accomplir à tâtons une œuvre de routine ;
Puis, tout à coup, sentant tes muscles sans ressorts,
Tu retombes à terre épuisée, et tu dors,
Et tu rêves : tantôt ta poitrine oppressée
Murmure un souvenir de sa force passée,
Parle d'un autre siècle où domine un grand nom,
Charlemagne, Cromwell, César, Napoléon ;
Tantôt un doux sourire éclaire ton visage,
On dirait que tu vois rayonner un présage ;
Et ton sommeil fiévreux jette, sans les finir,
Des mots de liberté, de peuple, d'avenir ;
Et tes immenses bras s'allongent dans le vide ;
Enfin, ton front s'empreint d'une terreur livide,

Ton sourcil se hérisse, et, les poings sur les dents,
Tu regardes le Nord avec des yeux ardents.

Ne serait-ce point là cette fatale crise
Que l'Empereur prophète avait si bien comprise,
Quand, de son lit de mort dressé sur un écueil,
Embrassant l'univers dans un dernier coup d'œil,
Il entrevit la nuit ou l'aurore prochaine
De l'Europe cosaque ou bien républicaine ?
Cosaque ! Quoi ! l'Europe, avec la corde au cou,
S'inclinerait devant le bâton de Moscou !
Quoi ! cette Grèce, antique et lumineux lycée,
Par qui la terre fut instruite et policée ;
Rome, qui la conquit et lui donna des lois ;
L'Espagne, qui doubla le monde d'autrefois ;
Le Portugal, si grand, alors que ses conquêtes
Poursuivaient le soleil sous le cap des Tempêtes ;
La France, empire vieux de quatorze cents ans ;
Quoi ! tous ces peuples, fiers de leurs noms imposants,
Comme un bétail passif que le boucher immole,
Pourraient tomber un jour sous la lance mogole !
Pourquoi non ? Pensent-ils vivre une éternité ?
Les petits coins de terre où leur règne est planté
De la part du destin sont des prêts transitoires ;
Les envahissements finissent les histoires.

Bien des peuples anciens, de l'un à l'autre bout,
Ont inondé l'Europe ; un seul reste debout,
Un seul, celui qui dort sous la zone polaire,
L'ennemi de tous ceux que le soleil éclaire.
Quel vivace instrument d'exterminations !
Après avoir broyé toutes les nations,
Comme des grains que Dieu rejette de son crible,
Le marteau destructeur est seul indestructible.
Tels parurent les Huns, les Cimbres, les Teutons,
Tels paraîtraient encor leurs dignes rejetons ;
Le démon qu'Attila portait dans sa poitrine,
Le même qui troublait l'âme de Catherine,
Remplit également l'âme de tous les Czars ;
Ils ont beau composer leurs sinistres regards,
Leur pensée incessante en secret nous dévore ;
Comme centre d'empire ils rêvent le Bosphore,
Et, prêt à l'écraser d'un choc inattendu,
Toujours sur le Midi le pôle est suspendu.
Voilà ce qu'à l'Europe annonce la Russie.

Faut-il qu'elle consente à cette prophétie ?
Doit-elle, sans murmure, attendre avec terreur
Le jour fatal marqué par le grand Empereur ?
Non, celui qui jeta cet oracle à l'Europe
Plaça son avenir sous un double horoscope,

Lui montra le salut à côté du danger ;
Lui dit que, si d'avance elle veut y songer,
A ses fils menacés par un nouveau déluge
L'arche démocratique ouvrira son réfuge.
Elle y songe ; elle sent que ce dernier abri
Ne doit pas se construire avec un bois pourri ;
Elle a même posé sa nouvelle carène.
Mais que son œuvre est molle ! avec combien de peine,
Pièce à pièce elle assemble, en pliant sous le poids,
Les chênes qu'elle enduit de bitume et de poix !
Encor, toujours troublée au milieu de sa tâche,
Faut-il qu'elle consulte, à chaque coup de hache,
Des maîtres malveillants qu'alarment ses efforts,
Des rois goutteux d'esprit encor plus que de corps.

Pauvre Europe ! elle est vieille, elle est lente à l'ouvrage ;
Hélas ! elle a tant fait lors de son premier âge,
Que les bras musculeux qui furent son appui,
Même pour la sauver, languissent aujourd'hui.
Pourtant, n'en doutons pas, l'arche sera bâtie ;
Les peuples fonderont leur grande dynastie,
Et les rois absolus, du Tibre à la Néva,
Tomberont dans la nuit du siècle qui s'en va.

Ces jours arriveront, oui ; mais nourrir l'idée,
Mais croire que l'Europe ainsi consolidée

Conservera son rang, retiendra dans sa main
La balance où flotta le sort du genre humain,
Que seule, intelligente, intrépide, féconde,
Elle sera toujours le point central du monde,
C'est juger l'avenir avec l'œil du passé,
C'est un espoir perdu, ce centre est déplacé ;
Il nous quitte ; sachons le voir sans jalousie ;
Avant d'être pour nous, il était pour l'Asie ;
D'un continent à l'autre il erre tour à tour ;
Qui sait sur quelle terre il doit passer, un jour ?
Chaque fois que le globe agrandit sa surface,
A chacun de ses points il donne une autre place ;
L'équilibre éternel change tous ses ressorts ;
Ce qui fut au milieu se trouve sur les bords.
Or, maintenant que, grâce aux canons d'Angleterre,
Le ténébreux Cathay, l'Empire du mystère,
La Chine nous promet qu'un prochain avenir
Au pacte universel viendra la réunir,
Et que l'Océanie, empruntant une robe,
Veut figurer aussi sur la scène du globe,
Cet ensemble nouveau révèle le besoin
D'un pivot social qui se porte plus loin ;
Il ne peut plus rester sur notre terre antique.

Il va sous d'autres cieux, par delà l'Atlantique,

Chez cette nation qui monte à l'Occident,
Et qui, de jour en jour, accroît son ascendant
Par les deux grands pouvoirs qui l'ont émancipée,
Franklin et Washington, la justice et l'épée ;
Chez ces hommes guerriers, agriculteurs, marins,
Constructeurs de canaux, défricheurs de terrains,
Forts par le gouvernail et forts par la charrue,
Fondant une cité comme nous une rue,
Poursuivant, pour l'instruire aux arts, aux mœurs, aux lois,
La nature sauvage errante dans les bois,
Arrosant les déserts de leur sueur féconde,
Dignes d'être nommés les pionniers du monde ;
Chez un peuple où l'État c'est la force en commun,
Où chacun fait la loi qui commande à chacun,
Peuple adoptant pour fils tous ceux qui veulent l'être,
Et qui, lorsqu'il lui plaît de se donner un maître,
Regarde dans la foule, amas de tous les rangs,
Prend un homme et lui dit : Tu régneras quatre ans.
C'est là tout l'appareil de la cérémonie ;
A la simplicité que de grandeur unie !
Et l'homme qu'il érige à ce point de hauteur,
Tel que vous, monsieur Polk ! un marchand ou planteur,
Cet homme sent en lui la royauté plus forte
Que si vingt régiments paradaient à sa porte ;
Il concentre en lui seul toutes les volontés,
Fait la paix ou la guerre, affermit les traités,

Soutient par sa sagesse, et même développe
Un État aussi grand que nul État d'Europe,
Règne enfin par les lois mieux qu'un prince absolu ;
Puis, le jour où le peuple appelle un autre élu,
Il vient au Capitole, avec un front austère,
Résigner le pouvoir dont il fut mandataire,
Et rentre dans la foule en simple citoyen,
Entouré de respects, s'il fut homme de bien.

Ce n'est donc point un songe, une chimère vaine
Qu'un peuple se donnant la Liberté pour reine,
Tirant d'elle sa force et sa vitalité ;
Nous voyons, nous touchons cette idéalité.
A ces hommes caducs, dont la vue obscurcie
Niait l'avénement de la démocratie,
Prétendait qu'à ce but, si loin de leur compas,
Nul peuple ne viendrait parce qu'il n'y vint pas,
Ou du moins la cerclait entre d'étroits domaines,
Comme aux âges passés, dans Sparte et dans Athènes,
Il ne fallait rien moins qu'un pareil argument ;
Le peuple américain est là qui les dément.

Mais aussi, pour donner cette éclatante preuve,
Il fallait un sol vierge, une nature neuve,
Une scène à jouer un drame créateur,
Et dont ce peuple seul pouvait être l'acteur.

Là les esprits sont purs de toute vieille haine ;
Même quand leurs débats fermentent dans l'arène,
La voix de la patrie éveille un même écho
Dans les fibres du whig et du *loco-foco*.
Le principe qui règne est le seul légitime :
Nul espoir de retour vers un autre régime,
Nul regret du passé, nul souvenir cuisant,
N'y rendent l'homme hostile aux choses du présent.
Là point d'inimitiés entre diverses castes ;
Les montagnes, les bois, les plaines les plus vastes
N'offrent aucun débris de donjons ni de tours,
Cadavres féodaux dont l'âme vit toujours ;
Vous pouvez parcourir Albany, Baltimore,
Boston, Philadelphie, et vingt cités encore,
Sans jamais découvrir, dans tout votre chemin,
Le permanent complot d'un faubourg Saint-Germain.
Là nulle volonté ne doute, ne chancelle ;
Tous les bras sont roidis vers l'œuvre universelle ;
Loin de paralyser ce tourbillon vivant,
Le pouvoir l'applaudit et lui crie : En avant !
Aussi, livrant, sans crainte, à leur vitesse entière
La Presse et la Vapeur, l'esprit et la matière,
Les plans les plus hardis, les plus aventureux,
Les dangers les plus grands ont des charmes pour eux ;
Prodigues de leur vie et de celle des autres,
Ils marchent au Progrès, ainsi que des apôtres ;

Et quand, sur tous ces lacs, tous ces fleuves géants
Qui joignent à New-York la Nouvelle-Orléans,
Un des mille steem-boats, voyageurs de ces ondes,
S'engloutit, par un choc, entre leurs eaux profondes,
Les autres qui l'ont vu disparaître à leurs yeux,
Sur l'abîme fermé passent insoucieux.
Ah ! s'il existe au monde un sublime spectacle,
C'est cette liberté qui marche sans obstacle,
Cet aigle américain qui remplit l'horizon
Sans que jamais son aile effleure une prison.

Nul peuple jusqu'ici ne fut grand dans l'histoire,
Sans passer par l'enfance, âge préparatoire ;
Hollandais, Espagnols, Anglais, Français, Germains,
Tous, avant de marcher, rampèrent sur leurs mains ;
Celui-ci fut créé dans sa taille complète.
Trois quarts de siècle à peine ont assis sa conquête,
Son sang est encor tiède aux champs de Bunkers-Hill,
Et le voilà déjà dans son âge viril,
Et voilà que son front s'est constellé de gloire,
Que, prompt à dédaigner son premier territoire,
Du rocheux Orégon il a soumis le sol,
Qu'il a pris la Floride au royaume espagnol,
A nous la Louisiane, éblouissant domaine ;
Que son pied conquérant aujourd'hui se promène

Sur la terre de l'or où tant de sang fuma
Au siècle des Cortez et des Montézuma ;
Qu'à son immensité chaque année il ajoute.

Que lui faut-il de plus ? La Havane sans doute ?
La perle du Mexique ? Oui, ce joyau marin
Est bien digne d'avoir place dans son écrin,
Et, dans le golfe heureux qui la tient enchâssée,
L'espoir de la saisir occupe sa pensée ;
Le trésor est si près, le maître si lointain !
Qu'il attende en repos : qui sait si le destin
Ne doit pas en ces vœux encor le satisfaire ?
Si les étoiles d'or de tout cet hémisphère
Ne viendront pas se joindre, en traçant un sillon,
A celles qui déjà couvrent son pavillon ?
S'il n'est pas décidé qu'après un tel augure,
L'aigle de l'Union, dans sa pleine envergure,
Montrera tout à coup son vol persévérant
Par delà l'autre bord du fleuve Saint-Laurent,
Et qu'alors, repliant la course de son aile,
Et tournant vers le Sud son ardente prunelle,
Après avoir jeté sur le Chimboraço
Un cri dont les deux mers reproduiront l'écho,
Après avoir détruit, entre les deux tropiques,
Un débile réseau d'informes républiques,

Il viendra se poser, dans son dernier élan,
Sur l'orageux détroit que perça Magellan?

Merveilleux avenir qu'un voile encor dérobe!
C'est par là que tout marche à l'unité du globe.
Ce grand travail commence, il se fait sous nos yeux;
L'axe continental glisse vers d'autres lieux;
Chaque jour nous en montre un évident présage :
Quand les hommes, pareils aux oiseaux de passage,
Quittent le ciel natal pour des cieux inconnus,
C'est un signe certain que les temps sont venus,
Que l'invisible main qu'on nomme Providence
Elève une grandeur sur une décadence.
Où vont ces longs troupeaux d'Allemands soucieux,
D'Irlandais demi-nus qui, sur de longs essieux
Chargés d'aïeux, d'enfans, de frêles ustensiles,
Cheminent pour trouver de nouveaux domiciles,
Et qui semblent guidés par le même conseil?
Où vont-ils? au Couchant, ils suivent le soleil.
Pourquoi désertent-ils la terre maternelle?
Parce qu'ils ont perdu leur confiance en elle,
Qu'ils ne trouvent plus d'air sous les vieux horizons.
Pareils aux animaux, hôtes de nos maisons,
Qu'un pressentiment sûr avertit, avant l'heure,
Qu'il est temps de quitter leur croûlante demeure,

Un infaillible instinct révèle à ces colons
Qu'il est urgent de fuir, qu'avant des jours bien longs,
Leur antique édifice, usé dans sa charpente,
Tombera ; que ses murs fléchissent sur leur pente,
Et que ses fondements ont perdu le niveau.
Le vieux Monde s'en va vers le Monde nouveau.

www.ingramcontent.com/pod-product-compliance
Lightning Source LLC
Chambersburg PA
CBHW071439060426
42450CB00009BA/2255